Toni Aue

Der Verstand entschlief sanft

Reime

Impressum

Bibliografische Information der Deutschen Nationalbibliothek:
Die Deutsche Nationalbibliothek verzeichnet diese Publikation in der Deutschen Nationalbibliografie; detaillierte bibliografische Daten sind im Internet über http://dnb.dnb.de abrufbar.

© 2022 Toni Aue

Herstellung und Verlag: BoD – Books on Demand, Norderstedt

ISBN: 978-3-7568-8722-4

SPRACHLICHE VIELFALT

Legt die Sprache nicht in Ketten!
Jedes Wort – tausend Facetten!
Blau die Sehnsucht – ungepflückt,
Blau die Treue – ganz verzückt.

Blau das Band – der Frühling naht.
Blau der Himmel – Sommertag.
Blau die Pillen, blau der Mann,
Der die Frau blau schlagen kann.

Blau das Licht – die Rettung kommt.
Blau das Auge – Sicht verschwommen.
Blau die Blumen – wollt' ich nicht.
Blau das Kleid – ich liebe dich.

Blaue Castingcouch – ganz offen,
Blauäugig – bleibt nur zu hoffen,
Dass man nicht alle Facetten
Braucht, um diese Welt zu retten.

MORALISCHER ALLTAG

Glaube ich oder denk ich schon?
Ikea-Werbung ist toll.
Fällt irgendwann die Religion,
Es wird so wundervoll.

Wir brauchen keinen Gott als Grund
Für friedfertiges Benehmen.
Moralisch handeln und gesund,
Das liegt uns in den Genen.

Die Nachrichten sind voll davon,
Wie aufgeklärt wir sind:
Frieden, Freundschaft, Sättigung -
Das Leben ist voll Sinn.

MORALISCHES EMPFINDEN

Manchmal wünschte ich mir sehr,
Am Ende jeden Tages,
Dass wer kommt und mir erzählt,
Was nun die Moral ist.

Stattdessen höre ich mir an,
Dass man Moral nicht messen kann
An menschlichem Empfinden,
Doch jeder will sich binden.

Binden an Gefühl und Mensch,
Wie soll ich denn recht handeln?
Kann man denn nicht auch getrennt
Mit der Moral anbandeln?

BESSER

Gelegentlich find' ich die Welt
Schon gar nicht mal so schlecht.
Was mir leider oft missfällt:
Sie ist nicht sehr gerecht.

Allerdings stelle ich fest:
Das war schon immer so,
Weil es einfach jeder lässt,
Wir sind es halt gewohnt.

Wenn ich so über Dinge schreib',
Dann komm' ich nicht umhin,
Es zu bemerken mit der Zeit,
Dass ich viel besser bin.

VERRÜCKT GEWORDEN

Geschlossen, offen – Psychiatrie.
Ganz ehrlich, dahin wollt ich nie.
Vielleicht bin ich komplett gesund.
Die anderen laufen nicht mehr rund.

Es geht mir um die Traurigkeit
Und nicht um Depression.
Der Therapeut opfert mir Zeit,
Doch was versteht der schon?

HEILEND

Ich werde einfach Therapeutin.
Da bin ich hart im Nehmen.
Es reden dann wildfremde Leute
Von Erste-Welt-Problemen.

Das fetzt bestimmt, ich plauder' gern
Mit Gott, der Welt und Menschen.
Und sind die wirklich krank im Kern
Gibt's Globuli – paar Quentchen.

Doch das beste Element
Ist und bleibt das Reden.
Das ist mein Naturtalent.
Ein guter Grund zum Leben.

LÖSUNGSTREND

Die Entscheidung fällt mir schwer
Juchhu, der Trend heißt nonbinär.
Leider wirkt er manchmal so
Als wäre er vor allem Show.

Es gab und gibt sie, die echt leiden
An ihrem grauen Alltagstrott
In dem sie stets und immer schweigen
Angst vor Strafe, Angst vor Spott

Freischwimmen beginnt vielleicht
Erst einmal im Extrem.
Wird das Wasser wieder seicht
Steht es sich bequem.

BESTANDSAUFNAHME

Mir ist neulich aufgefallen:
Ich hab keine Interessen.
Das Allermeiste, was ich tat,
Für andre war stattdessen.

Zuerst für Eltern, Lehrer, Chef.
Dann für die Frau des Herzens,
Für Kinder, Urlaube und Haus,
Romantik pur mit Kerzen.

Es ist halt immer jemand da,
Ich bin niemals alleine,
Um rauszufinden, was ich will,
Ich zieh' hart an der Leine

All das hab' ich so gewollt,
Ich hab' es doch genossen.
Komm' mir wie ein Kaktus vor,
Viel zu viel gegossen.

LEBENSMITTE

Wie heißt die Midlife Crisis
Eigentlich bei der Frau?
Det is ne jute Frage.
Det weeß ick nich jenau.

Du brauchst nicht gleich berlinern,
Nur weil du was nicht weißt.
Ick mach det aber jerne,
Vor allem, weils dir reizt.

Na, danke schön! Was soll das jetzt?
Musst du mich provozieren?
Erwähnt' ick schon, det des halt fetzt?
Nich die Jeduld verliern.

Du machst mich wirklich grantig.
Was ist nun mit der Crisis?
Ick gloobe, det des bei den Jör'n
Der Überjang zum Greis is.

BANAL

Es ist mir oft ein Rätsel,
Wie andere das machen:
Sie lieben sich und können stets
Auch miteinander lachen.

Sie brauchen sich zum Leben,
So wie der Wurm das Holz.
Geht einer mal daneben,
Bleibt alles gleich, was soll's?

Herz und Kommunikation
Scheinen das Geheimnis.
Was macht's bei wahrer Liebe schon,
Wenn einer mal gemein ist?

SPIEGEL

Wer verliebt ist, ist so dumm,
Redet um den Brei herum.
Jeder Satz, den sie mir sagt,
Hallt in meinem Kopfe nach.

Eigentlich bin ich doch schlau,
Ein richtig kluger Kopf.
Nur bei ihr weiß ich genau:
Ich bin ein armer Tropf.

ALLEINERZIEHEND

Ich stell mich hin, bin das Gesetz
Und sage: So, das war jetzt schlecht!
Deswegen gibt es eine Strafe:
Geh in dein Zimmer, zähle Schafe!

Das Kind ist dummerweise
Beim Zählen gar nicht leise.
Jetzt ist wirklich endlich Schluss!
Okay, noch einmal Peppa Wutz.

Alles hab ich falsch gemacht,
Denke ich mir bei dem Krach.
Ich müsste doch noch so viel tun.
Warum kann das Kind nicht ruh'n?

Schrecklich müde und allein,
Soll das nun das Leben sein,
Das ich meiner Tochter biete?
Reicht es wohl noch für die Miete?

EINFACH SCHLAFEN

Ich ertrag die Stille nicht.
Von Angesicht zu Angesicht
Lullt mich sanft der Fernseher ein.
Trotzdem schlafe ich nicht ein.

Der Therapeut erzählt mir ernst
Etwas von Schlafhygiene,
Dass der Stress sich sanft entfernt,
Von all dem Unbequemen.

Ich fühle mich, ich sag's nicht gern,
Mal wieder unverstanden.
Der Stress liegt mir unendlich fern,
Im Traumland will ich stranden.

NACHWUCHS

Glaubst du mir, wenn ich dir sag,
Dass du mein Sinn des Lebens bist?
Diese Lasten, die ich trag',
Schultere ich nur für dich.

Werde nie so wie ich bin,
Du bist so viel besser!
Gib dem Grübeln dich nicht hin,
Ertrink nicht im Gewässer!

Lerne lieben, tief und wahr,
Vergiss Leid und Depression.
Mach mir bloß nie etwas nach,
Ich weiß, du schaffst das schon.

ZETTELZEUGNIS

Okay, ich hab mal was studiert.
Ich brauchte das Papier,
Auf dem klar und deutlich stand:
Der Depp? Ja, der war hier.

Ich schlenderte zum Arbeitsmarkt.
Da war ich: Jung und willig.
Und dacht', da ich schon Schulden hab',
Geh' ich nicht ganz so billig.

Was kannste denn? Wurd' ich gefragt.
Klug denken und auch schreiben,
Im Studium hatte man gesagt,
Wer das kann, der darf bleiben.

Ein Praktikum, erst unbezahlt?
So haben wir nicht gewettet.
Er brauchte wen, der Kaffee mahlt,
Ich schenkte ihm den Zettel.

KLARTEXT

Soll ich es dir erst vertonen?
Tanzen, morsen, schnitzen?
Ich habe einfach keine Lust,
Täglich dort zu sitzen!

Ja, am besten neben dir,
Du spinnst doch wohl total!
Immer schön brav bis um vier,
Das endet ganz fatal.

Sieh es bitte einfach ein:
Das wär' mein Untergang.
Ich pass' in diese Welt nicht rein,
Die macht mich völlig krank.

Was ich andres machen will?
Da fehlt mir noch der Plan.
Aber ich sitz' da nicht still
Und tu, was man mir sagt.

LIEBLINGSWORT

Total taff, wie ich so bin,
Krieg ich jeden Blödsinn hin.
Alles auf den letzten Drücker,
Aber fertig – ich Beglücker.

Mach ich morgen, hat ja Zeit .
Grad fühl ich mich nicht bereit.
Keine Frage, es wird schon.
Voll die Prokrastination.

Manche Wörter reimen sich
Echt beschissen, finde ich.
Also les' ich nochmal nach,
Was ich von taff und Blödsinn sprach.

LEHRKRAFT

Du bist jetzt also Lehrer.
Warum? Na, weil es geht.
Das wär' mir zu viel Ärger,
Wenn man da vorne steht.

Ach, das passt schon irgendwie.
Ich nehm' mich nicht so ernst.
Die Inhalte vermitteln sich
Leicht, wenn man selber lernt.

Menschen lernen ist viel schwerer
Als der ganze Inhaltskram.
Ich denke, dass ein guter Lehrer
Auch mal Unrecht haben kann.

GEISTIGES ALTER

Bin über vierzig, gefühlte Hundert,
Mein Kind ist quasi aus dem Haus.
Klar, dass mich nun viel verwundert,
Komme nicht mehr so viel raus.

Etliches ganz schlicht vergessen,
Das meiste nicht mehr neu gelernt,
Dafür sehr gesund gegessen,
Der Ruhestand noch weit entfernt.

Die Abwechslung und ich
sind keine guten Freunde.
Die Polsterlandschaft liebt mich.
Warum sollt ich nicht treu sein?

Was will ich denn da draußen?
Es bleibt doch alles gleich.
Ich möchte nur nach Hause.
Die Kissen sind so weich.

BEWUSST

Natürlich habe ich 'nen Lenz
Im Vergleich zu andern,
Trotzdem spür' ich die Tendenz,
Mich selbst zu unterwandern.

Wahrscheinlich geht es mir zu gut,
Das wird mir schwer bewusst.
Zu allem fehlt mir stets der Mut.
Was bleibt, ist: Keine Lust.

Es ist doch irgendwie frustrierend,
Wenn man mal so weiterdenkt.
Der Alltag ist demotivierend,
Selten wird man abgelenkt.

Reste

LEHRREICH

Hast du eigentlich gewusst,
Dass du mich hassen lehrtest?
Weil du nach dem großen Frust
Den besten Freund verehrtest?

ÄNDERUNG

Die Liebe ist ein schwerer Scheiß,
Wusst' ich kürzlich noch Bescheid.
Seit du durch mein Leben watest,
Die Gewissheit du zertratest.

NEUE BESEN

Von Anfang an sagte ich dir:
Es wird auf Dauer wie mit ihr.
Wenn du sie erst einmal verlässt
Fehlt Dir bald das vertraute Nest.

GESCHMÄCKER

Hab's verstanden, die ist toll,
Doch eigentlich steh' ich ja voll
Auf Inhalte der Köpfe,
Ob mit, ob ohne Zöpfe.

NEUER BERUF

Du, ich glaub, ich kann das nicht.
Das wird mir echt zu viel.
Die Kunden kommen, fragen mich,
Weiß nie, was ich erzähl'.

GRENZEN

Heute sagte mir ein Teenie,
Dass er Wessis gar nicht mag.
Das ist dreißig Jahre her,
Wovon der wohl sprechen mag?

SPIELEN

Ich will nicht mehr glauben,
Ich will endlich sehen.
Das ist hier kein Poker,
Ja, lass mal so stehen.

FLÜCHTIG

Die Wirklichkeit holt mich bald ein,
Mein Tagtraum endet jäh.
Wochenlang ging es mir fein,
Jetzt wird es wieder zäh.

BIOCHEMIE

Zwischen meinen Ohren
Scheinen die Synapsen
Offenbar vergoren
Für diverse Faxen.